AF240391

EXÉCUTION

DE

GAMBETTA,

ROCHEFORT, & CIE

25 CENTIMES

BRUXELLES

1874

EXÉCUTION

DE

A, ROCHEFORT, & Cie

C'était un soir d'hiver, le soleil ne s'était pas montré et la journée avait été sombre et rigoureuse.

Je revenais de Bercy tout en grelotant, songeant aux malheureuses familles qui manquaient de pain, de feu! lorsqu'arrivé en face de *Mazas*, un individu enveloppé dans un riche manteau et la tête recouverte d'un capuchon, m'accosta et me dit :

— N'est-ce pas que lorsque l'on passe le long de ce sinistre monument, on ressent en soi quelque chose qui fait mal; et dire que parfois il s'y trouve des honnêtes gens, tandis que certains misérables qui ont noms Gambetta, Rochefort, courent librement les rues.

Je courbais mélancoliquement la tête.

Prenant mon silence pour un assentiment, il continua :

— Peut-on passer outre, sans se sentir saisi d'une accablante tristesse en pensant à quel usage douloureux ce monument sert ; le cœur ne se glace-t-il pas d'effroi devant son architecture d'une pesanteur imposante, d'une rigidité sépulcrale ; devant ses murailles épaisses contre lesquelles viennent mourir les gémissements et les cris de tant de voix épuisées qui s'éteignent dans leur enceinte ?

Je suis l'un des rares otages qui ont pu échapper à la fureur de ces coquins qui commencent par se déclarer républicains, et finissent par l'assassinat en grand ! Je connais *Mazas* et, si vous le voulez, nous le visiterons ensemble.

J'acceptais.

Il me fit voir les cellules où avaient été renfermés les principaux otages et notamment celle du président Bonjean, de l'archevêque de Paris, du curé de la Madeleine et enfin la sienne !

Nous nous arrêtâmes dans cette dernière, et il reprit :

— C'est ici où je fus enfermé pendant trois mortelles semaines, pendant lesquelles je ne pus fermer l'œil ! et comment l'aurai-je pu dans cet

édifice où l'horreur du crime et la sombre poésie
du désespoir sont gravés sur chaque pierre !

J'étais détenu dans ce lieu où tout l'ensemble
morne et désolé frappe l'imagination et la remplit
d'épouvante, et je me trouvais dans cette espèce
de forteresse entourée de murs, qui n'abrite que
la misère dans ce qu'elle a de plus hideux !

Ma poitrine était oppressée de cette atmos-
phère imprégnée de larmes et chargée de sou-
pirs, du vent qui gémit en passant pour retomber
avec un bruit de plaintes et de sanglots, des
imprécations qui tourbillonnent dans l'air, et de
cet entourage qui environne de toutes parts le
captif comme une nuée d'esprits invisibles qui le
glacent de leur affreux contact ; effet d'autant
plus terrible que sa vie circule dans le monument lugubre, dont elle bat les murailles de ses
vagues indifférentes et ne se nourrit que des
émanations corrompues de la société, cent fois
pires que les miasmes putrides de la nature.

Vous le voyez, tout mon monde était limité à
cet espace d'environ douze pieds de long sur six
de large et sept de hauteur, mon ameublement
consistait en cette mauvaise paillasse, en cette
chaise de paille enchaînée et en cette tablette ;
C'était bien pour moi le tombeau d'un vivant !
Jugez qu'elles ont pu être mes douleurs phy-

siques et morales et celles de mes compagnons qui, moins heureux que moi, n'ont quitté le lieu de leur captivité que pour être fusillés, comme vous savez !

Et pendant tout ce temps, les auteurs de nos souffrances, le misérable ROCHEFORT en tête, se pavanaient dans Paris, se procuraient tous les plaisirs et envoyaient par leurs avocasseries et leurs journaux incendiaires, des milliers de victimes se faire tuer par les balles qui d'un frère, qui d'un père !

Mais quand vint le moment de la justice, quand les troupes de l'ordre entrèrent dans Paris, on vit ces lâches criminels abandonner leurs hommes au fer et au feu pour se refugier, GAMBETTA en Espagne et ROCHEFORT au milieu des Prussiens !

Et dire qu'aujourd'hui encore on rencontre des personnes, les unes assez simples, les autres assez crédules pour lire les saletés de l'ordurier ROCHEFORT et croire aux infâmes mensonges de GAMBETTA, le citoyen qui n'a jamais su que montrer son dos à l'ennemi !

Ces récits m'impressionnèrent d'autant plus que mon compagnon parlait du cœur et avec la conviction d'une victime échappée à la mort.

Vous ne devez pas être bonapartiste, lui dis-je,

car, en somme, tous les ennuis que vous avez éprouvés ne proviennent que des suites de la malheureuse guerre, entreprise par l'empire, et on dit que la république est le meilleur des gouvernements.

A cette observation, il souria, me fit signe de sortir et me répondit :

— Je ne forme qu'un vœu pour mon pays, c'est celui du retour en France du prince impérial sous le titre de Napoléon IV. Il n'y a que lui et les hommes de son parti qui soient capables de sauver encore la France. Mais que le jeune prince ne soit pas aussi débonnaire que son père et sache nettoyer le pays en le débarrassant par un coup de balai de toutes les immondices du 4 septembre.

Comme je suis de son opinion, je lui tendis une main amicale et lui demandais son nom. Il me glissa alors l'acte de société qui suit et s'esquiva en prononçant : *Je suis un revenant.*

SOCIÉTÉ POLITIQUE DE SAUVETAGE
Gambetta, Rochefort et les amis

Entre le citoyen GAMBETTA, ex-ministre de l'intérieur, ex-ministre de la guerre, ex-généralis-

sime des armées françaises, actuellement répré-
sentant de la radicaille, rédacteur du journal
La République Française, balconnier par goût,
commis voyageur pour le placement des produits
démocratiques, domicilié à Paris en temps de
paix, et à St Sébastien en cas de trouble ;

Rochefort. — ci-devant noble — l'ingrat —
l'insulteur des femmes et des enfants, le barrica-
dier par emploi — l'écrivain ordurier, le malade à
volonté, ex-député de la radicaille — auteur de
l'arrestation des otages, le lâcheur des frères et
amis, — toujours à 3 lieues de son pays ;

Ranc, ex-préfet de police, ex-membre de la
Commune de Paris, rédacteur du journal *La République Française*, ex-député de la radicaille,
communard condamné à mort par contumace,
domicilié à Bruxelles ;

Barodet, ex-maître d'école, ex-agent d'assu-
rance, ex-maire de Lyon sous le règne de sa
majesté l'illustriquet Théodore 1er, représentant
de la radicaille, domicilié à Paris ;

Esquiros, ex-préfet de Marseille, représentant
de la radicaille, domicilié à Paris ;

Challemel-Lacour, ex-professeur de philoso-
phie, ex-préfet de Lyon, représentant de la radicale, rédacteur de la *République Française*,
domicilié à Paris ; et tout les amis qui adhéreront
aux présentes, il a été dit et arrête ce qui suit :

Art. Premier.

Il est formé entre les Citoyens Gambetta, Rochefort, Ranc, Barodet, Esquiror, Challemel-Lacour et les amis, une société démocratique pour le relèvement du peuple français.

Art. 2.

Elle aura pour dénomination : *Société politique de sauvetage.*

Art. 3.

Le but de l'association est clairement exprimé plus haut, et défini comme il suit :

L'anéantissement total du parti monarchique, l'anéantissement de la Religion Catholique et des ordres religieux ;

La licence absolue, sans réserve aucune ;

L'abolition des titres de noblesse ;

La substitution de l'imbécilité à la capacité ;

L'impôt sur la richesse ;

La révolte érigée en système ;

La refonte totale du code en faveur des coquins ;

La reforme de la magistrature et l'abolition de l'inamovilité ;

Le réarmement des cohordes sacréees, appelées volgairement gardes nationales ;

La séparation complète de l'Eglise et de l'État ;

L'instruction laïque, obligatoire et exclusivement matérialiste ;

Le stoïcisme décrété Religion d'État ;

L'avènement progressif des couches sociales au pouvoir ;

La nomination des officiers par voie élective ;

La fondation définitive de la république radicale, par tous les moyeus possibles, *sans toute fois sortir de la légalité;*

L'amnistie pleine et entière pour les égarés de la Commune.

Art. 4.

Si quelqu'un s'oppose aux mesures décrétées pour l'association, il sera, sur-le-Champ, exécuté.

Art. 5.

Le Citoyen (Challemel-Lacour) *fusillez-moi ces gens-là* — sera spécialement commis à cette besogne délicate.

Art. 6.

Vu l'état critique de l'heure présente, causé par les réactionnairees et que la société a en vue de rendre meilleur, il n'existera pas de capital effectif pour le moment.

Cependant et par excepfion, on comptera comme tel :

1° Le produit des traitements affectés au ministre de l'intérieur et à celui de la guerre, quand l'illustre citoyen Gambetta cumulait ces deux charges privilégiées ;

2° Les bénéfiees que le même a pu retirer de son administration à Outrance ;

3° Les économies réalisées dans les marchés où les souliers en cuir étaient remplacès par des savates de carton, et les bidons neufs par des bidons percées ;

4° Ce qu'il reste à Rochefort, provenant de ses infamies débitées, à tant la ligne, dans les journaux orduriers tels que *La Lanterne*, *La Marseillaise* et *Le Mot d'Ordre* ;

5° Ce qu'a pu mettre de coté, Ranc, sur ses émoluments comme préfet de police et collègue de Rigault et Vermesch ;

6° Ce que Barodet a gagné dans les assurances ;

7° Les recettes effectuées par Challemel-Lacour dans ses conventions avec les fournisseurs de l'armée dans le midi ;

8° Le produit de la vente des statues, bas reliefs, écussons, emblèmes, insignes et œuvres d'art, rappelant d'une façon quelconque les crimes de la monarchie ;

9° La rentrée des fonds produite par l'abolition

du traitement des cardinaux, évêques, chanoines, aumoniers, prêtres ;

10° Le produit de la vente des propriétés, appartenant aux jésuites et déclarées propriétés nationales ;

11° Le produit de la vente des Christ qui deshonorent les salles d'école et inspirent à la jeunesse des idées superstitieuses, en opposition avec les principes de la libre pensée ;

12° L'impôt extraordinaire qui frappera les pélerins. Des bureaux de recette seront établis dans les localités : Lourdes, Paray, Fourrières et La Salette.

« *L'intention des sociétaires était d'interdire les pélérinages, mais il est préférable d'en retirer quelque argent.* »

Tel sera le capital social, quand, suffisamment éclairé sur le but mémorable de la association, le Peuple Français lui aura accordé ses suffrages.

Art. 7.

Dès aujourd'hui le parti Républicain apporte comme capital :

L'assassinat de Louis XVI, de Marie Antoinette et de la princesse de Lamballe,

Les massacres de l'Abbaye,

La guerre de la Vendée,

L'expulsion des monarchistes, déelarés enne-
mie de la France,

La terreur sous la première République,

La banqueroute et les assignats,

Les tueries de Lyon, St Etienne, Rouen, Bor-
deaux, les mitraillades de Toulon et les noyades
de Nantes,

La révolution de 1848,

Les quarante-cinq Centimes,

L'assassinat du général Bréa,

Les ateliers nationaux,

L'assassinat de Monseigneur de Affre,

La guerre civile,

La révolution du 4 Septembre en présence des
Prussiens,

Les batailles de la Loire et les bulletins men-
songers,

La retraite en Suisse, d'une armée de cent
mille hommes,

Les marchés avantageux,

Les horreures d'un siège inutile,

L'anarchie à Lyon, à Marseilles, à Toulouse,

La destitution des magistrats, Préfets et juges
de Paix,

Le Gaspillage des fonds publics,

Les camps régionaux,

L'organisation de l'Intendance,

La fabrique de généraux,

Les discoures de Glais-Bizoin,

Les décrets de Crémieux,

Le traité de Ferrière,

La rançon,

La Commune et sa gloire,

L'assassinat du Président Bonjean, de Monseigneur Darbois et d'un grand nombres d'autres personnages.

Art. 8.

Chacun des associé apporte en particulier, savoir :

Le Citoyen Gambetta : Ses sottises stratégiques, le remplacement instantané des chefs de corps, l'envoi des troupes non armées dans les camps, la guerre en chambre au coin d'un bon feu, la tactique radicale, la dissolution des conseils généraux et municipaux, la confiscation des intérêts privés au profit des franchises radicales, brevets, organisation de la presse etc. etc;

Le citoyeu Ranc : Son cinisme, l'organisation de la police au 4 septembre et les décrets de la commune ;

Le citoyen Rochefort : Ses articles incendiaires qui ont brûlé Paris et fait tuer trente-mille hommes ;

Le citoyen Barodet : La gestion des affaires à

Lyon, la fête des écoles et les jetons de présence pour les amis ;

Le citoyen Esquiros : l'expulsion des frères des écoles, les cent quatre-vingt mille francs attribués pour ses besoins personnels, linge cigares etc, le renvoi des conseillers de Préfecture, du Président du tribunal et des jésuites ; la suspension des journaux dévoués à la monarchie, la confiscation des biens appartenant aux corporations religieuses.

Le citoyen Challemel-Lacour : L'arrestation des réactionnaires, la fermeture des écoles congréganistes, le trapeau rouge, les engins de guerre, système Toqué et Cie.

Art. 9.

Pour faire comprendre au public l'utilité pressente de cette entreprise, les sociétaires doivent lui expliquer comment l'idée de l'association est venue. Depuis trop longtemps déjà, les gouvernements monarchiques tyrannisent le peuple pour qu'on laisse le pouvoir entre leurs mains.

Césarisme ou *République* basé sur l'autocratie est une seule et même chose.

Chacun doit donc se persuader ceci : *Le relèvement de la France* ne peut s'opérer que par la société polilique de sauvetage, dirigée par des hommes qui ont fait leurs preuves et basée sur le radicalisme pur.

Trois fois déjà cette association a sauvé le peuple écrasé par la monarchie : D'abord en 1789 avec Mirabeau ; puis en 1848 avec le pleureur Jules Favre ; enfin le 4 Septembre avec l'avocat sans cause Gambetta.

C'est pourquoi la société politique de sauvetage veut empêcher le navire qui porte la fortune publique de couler une nouvelle fois.

Il s'agit dans ce but de pratiquer la démocratie, telle qu'on l'entend dans les pays libres.

Plus menaçante, plus impudente que jamais, la monarchie veut en finir avec le radicalisme.

Il importe de lui faire échec par la cohésion des forces disséminées sur la surface du pays et que représente seule notre association.

Art. 10,

A peine constituée, elle s'est mise avec un dévouement absolu au service du pays. Comme première manœuvre, on lui doit des radicaux du meilleur cru, gens estimables, instruits, bien élevés, libres penseurs ; en un mot, de véritables champions, prêts à mourir pour la grande cause.

De ce nombre, sont les illustres citoyens : le docteur Turigny, l'agent d'assurances Barodet et le fameux Ranc. Ce dernier a prouvé son courage en se sauvant de son pays, quand il a

deviné qu'un gendarme allait lui poser la main
sur le collet.

Art. 11.

Le sceau de la société portera un bonnet
phrygien enguirlandé de coquelicots.

A droite, seront gravés ces mots : *de l'audace.*

A gauche, on lira : *Pareille à Saturne, elle
dévore ses propres enfants.*

Au-dessus du bonnet phrygien cette inscrip-
tion : *Société politique de sauvetage pour le relèvement de la France et sa conversion au radicalisme.*

Au-dessous, ceci : *Quand elle ne se noie pas
dans le sang et la boue, elle s'aplanit dans
l'imbécilité.*

Art. 12.

Le citoyen Spuller est nommé secrétaire
général de la société.

Art, 13

Le citoyen Cavalier, qui a su acquérir le titre
de pipe en bois, sera chargé de la surveillance
générale.

Il aura une tenue qui le rendra reconnaissable
à tous les frères et amis.

Art. 14.

Le citoyen Garibaldi assurera l'ordre, s'il est

troublé par les monarchistes ou le clergé. Au besoin, il pourra chasser l'évêque et le remplacer à son palais épiscopal.

Art. 15.

Dix d'entre les aristocrates parmi les plus imposés sont chargés de solder les frais du présent acte.

Fait à Paris, jour de la civette, an 83 de la république radicale.

Et ont signé les susnommés et tous leurs amis.

Pour copie conforme,

Le Fureteur.

Nota. — Le revenant a trouvé ce précieux document dans un wagon de 3me classe, retour de Versailles à Paris.

www.ingramcontent.com/pod-product-compliance
Lightning Source LLC
LaVergne TN
LVHW021506060726
842527LV00006B/2482